心一堂術數古籍珍本叢刊

書名：實驗玄真相法
系列：心一堂術數古籍珍本叢刊　相術類　第三輯　310
作者：【民國】黃雲樵
主編、責任編輯：陳劍聰
心一堂術數古籍珍本叢刊編校小組：陳劍聰　素聞　鄒偉才　虛白盧主　丁鑫華
出版：心一堂有限公司
通訊地址：香港九龍旺角彌敦道六一〇號荷李活商業中心十八樓〇五—〇六室
深港讀者服務中心：中國深圳市羅湖區立新路六號羅湖商業大廈負一層〇〇八室
電話號碼：(852)9027-7110
網址：publish.sunyata.cc
電郵：sunyatabook@gmail.com
網店：http://book.sunyata.cc
淘寶店地址：https://sunyata.taobao.com
微店地址：https://weidian.com/s/1212826297
臉書：https://www.facebook.com/sunyatabook
讀者論壇：http://bbs.sunyata.cc/
版次：二零二二年三月初版
平裝
定價：港幣　九十八元正
新台幣　三百九十八元正
國際書號：ISBN 978-988-8583-37-9

香港發行：香港聯合書刊物流有限公司
地址：香港新界荃灣德士古道二二〇—二四八號荃灣工業中心十六樓
電話號碼：(852)2150-2100
傳真號碼：(852)2407-3062
電郵：info@suplogistics.com.hk
網址：http://www.suplogistics.com.hk
台灣發行：秀威資訊科技股份有限公司
地址：台灣台北市內湖區瑞光路七十六巷六十五號一樓
電話號碼：+886-2-2796-3638
傳真號碼：+886-2-2796-1377
網絡書店：www.bodbooks.com.tw
台灣秀威書店讀者服務中心：
地址：台灣台北市中山區松江路二〇九號一樓
電話號碼：+886-2-2518-0207
傳真號碼：+886-2-2518-0778
網絡書店：http://www.govbooks.com.tw
中國大陸發行　零售：深圳心一堂文化傳播有限公司
深圳地址：深圳市羅湖區立新路六號羅湖商業大廈負一層〇〇八室
電話號碼：(86)0755-82224934

心一堂微店二維碼

心一堂淘寶店二維碼

心一堂術數古籍 珍本 叢刊 總序
整理

術數定義

術數，大概可謂以「推算（推演）、預測人（個人、群體、國家等）、事、物、自然現象、時間、空間方位等規律及氣數，並或通過種種『方術』，從而達致趨吉避凶或某種特定目的」之知識體系和方法。

術數類別

我國術數的內容類別，歷代不盡相同，例如《漢書・藝文志》中載，漢代術數有六類：天文、曆譜、五行、蓍龜、雜占、形法。至清代《四庫全書》，術數類則有：數學、占候、相宅相墓、占卜、命書、相書、陰陽五行、雜技術等，其他如《後漢書・方術部》、《藝文類聚・方術部》、《太平御覽・方術部》等，對於術數的分類，皆有差異。古代多把天文、曆譜、及部分數學均歸入術數類，而民間流行亦視傳統醫學作為術數的一環；此外，有些術數與宗教中的方術亦往往難以分開。現代民間則常將各種術數歸納為五大類別：命、卜、相、醫、山，通稱「五術」。

本叢刊在《四庫全書》的分類基礎上，將術數分為九大類別：占筮、星命、相術、堪輿、選擇、三式、讖諱、理數（陰陽五行）、雜術（其他）。而未收天文、曆譜、算術、宗教方術、醫學。

術數思想與發展——從術到學，乃至合道

我國術數是由上古的占星、卜筮、形法等術發展下來的。其中卜筮之術，是歷經夏商周三代而通過「龜卜、蓍筮」得出卜（筮）辭的一種預測（吉凶成敗）術，之後歸納並結集成書，此即現傳之《易

經》。經過春秋戰國至秦漢之際，受到當時諸子百家的影響、儒家的推崇，遂有《易傳》等的出現，原本是卜筮術書的《易經》，被提升及解讀成有包涵「天地之道（理）」之學。因此，《易・繫辭傳》曰：「易與天地準，故能彌綸天地之道。」

漢代以後，易學中的陰陽學說，與五行、九宮、干支、氣運、災變、律曆、卦氣、讖緯、天人感應說等相結合，形成易學中象數系統。而其他原與《易經》本來沒有關係的術數，如占星、形法、選擇，亦漸漸以易理（象數學說）為依歸。《四庫全書・易類小序》云：「術數之興，多在秦漢以後。要其旨，不出乎陰陽五行，生尅制化。實皆《易》之支派，傅以雜說耳。」至此，術數可謂已由「術」發展成「學」。

及至宋代，術數理論與理學中的河圖洛書、太極圖、邵雍先天之學及皇極經世等學說給合，通過術數以演繹理學中「天地中有一太極，萬物中各有一太極」（《朱子語類》）的思想。術數理論不單已發展至十分成熟，而且也從其學理中衍生一些新的方法或理論，如《梅花易數》、《河洛理數》等。

在傳統上，術數功能往往不止於僅僅作為趨吉避凶的方術，及「能彌綸天地之道」的學問，亦有其「修心養性」的功能，「與道合一」（修道）的內涵。《素問・上古天真論》：「上古之人，其知道者，法於陰陽，和於術數。」數之意義，不單是外在的算數、歷數、氣數，而是與理學中同等的「道」、「理」--心性的功能，北宋理氣家邵雍對此多有發揮：「聖人之心，是亦數也」、「萬化萬事生乎心」、「心為太極」。《觀物外篇》：「先天之學，心法也。……蓋天地萬物之理，盡在其中矣，心一而不分，則能應萬物。」反過來說，宋代的術數理論，受到當時理學、佛道及宋易影響，認為心性本質上是等同天地之太極。天地萬物氣數規律，能通過內觀自心而有所感知，即是內心也已具備有術數的推演及預測、感知能力；相傳是邵雍所創之《梅花易數》，便是在這樣的背景下誕生。

《易・文言傳》已有「積善之家，必有餘慶；積不善之家，必有餘殃」之說，至漢代流行的災變說及讖緯說，我國數千年來都認為天災，異常天象（自然現象），皆與一國或一地的施政者失德有關；下至家族、個人之盛衰，也都與一族一人之德行修養有關。因此，我國術數中除了吉凶盛衰理數之外，人心的德行修養，也是趨吉避凶的一個關鍵因素。

術數與宗教、修道

在這種思想之下，我國術數不單只是附屬於巫術或宗教行為的方術，又往往是一種宗教的修煉手段--通過術數，以知陰陽，乃至合陰陽（道）。「其知道者，法於陰陽，和於術數。」例如，「奇門遁甲」術中，即分為「術奇門」與「法奇門」兩大類。「法奇門」中有大量道教中符籙、手印、存想、內煉的內容，是道教內丹外法的一種重要外法修煉體系。甚至在雷法一系的修煉上，亦大量應用了術數內容。此外，相術、堪輿術中也有修煉望氣（氣的形狀、顏色）的方法；堪輿家除了選擇陰陽宅之吉凶外，也有道教中選擇適合修道環境（法、財、侶、地中的地）的方法，以至通過堪輿術觀察天地山川陰陽之氣，亦成為領悟陰陽金丹大道的一途。

易學體系以外的術數與的少數民族的術數

我國術數中，也有不用或不全用易理作為其理論依據的，如揚雄的《太玄》、司馬光的《潛虛》。也有一些占卜法、雜術不屬於《易經》系統，不過對後世影響較少而已。

外來宗教及少數民族中也有不少雖受漢文化影響（如陰陽、五行、二十八宿等學說。）但仍自成系統的術數，如古代的西夏、突厥、吐魯番等占卜及星占術，藏族中有多種藏傳佛教占卜術、苯教占卜術、擇吉術、推命術、相術等；北方少數民族有薩滿教占卜術；不少少數民族如水族、白族、布朗族、佤族、彝族、苗族等，皆有占雞（卦）草卜、雞蛋卜等術，納西族的占星術、占卜術，彝族畢摩的推命術、占卜術……等等，都是屬於《易經》體系以外的術數。相對上，外國傳入的術數以及其理論，對我國術數影響更大。

曆法、推步術與外來術數的影響

我國的術數與曆法的關係非常緊密。早期的術數中，很多是利用星宿或星宿組合的位置（如某星在某州或某宮某度）付予某種吉凶意義，并據之以推演，例如歲星（木星）、月將（某月太陽所躔之宮次）等。不過，由於不同的古代曆法推步的誤差及歲差的問題，若干年後，其術數所用之星辰的位置，已與真實星辰的位置不一樣了；此如歲星（木星），早期的曆法及術數以十二年為一周期（以應地支），與木星真實周期十一點八六年，每幾十年便錯一宮。後來術家又設一「太歲」的假想星體來解決，是歲星運行的相反，週期亦剛好是十二年。而術數中的神煞，很多即是根據太歲的位置而定。又如六壬術中的「月將」，原是立春節氣後太陽躔娵訾之次而稱作「登明亥將」，至宋代，因歲差的關係，要到雨水節氣後太陽才躔娵訾之次，當時沈括提出了修正，但明清時六壬術中「月將」仍然沿用宋代沈括修正的起法沒有再修正。

由於以真實星象周期的推步術是非常繁複，而且古代星象推步術本身亦有不少誤差，大多數術數除依曆書保留了太陽（節氣）、太陰（月相）的簡單宮次計算外，漸漸形成根據干支、日月等的各自起例，以起出其他具有不同含義的眾多假想星象及神煞系統。唐宋以後，我國絕大部分術數都主要沿用這一系統，也出現了不少完全脫離真實星象的術數，如《子平術》、《紫微斗數》、《鐵版神數》等。後來就連一些利用真實星辰位置的術數，如《七政四餘術》及選擇法中的《天星選擇》，也已與假想星象及神煞混合而使用了。

隨着古代外國曆（推步）、術數的傳入，如唐代傳入的印度曆法及術數，元代傳入的回回曆等，其中我國占星術便吸收了印度占星術中羅睺星、計都星等而形成四餘星，又通過阿拉伯占星術而吸收了其中來自希臘、巴比倫占星術的黃道十二宮、四大（四元素）學說（地、水、火、風），並與我國傳統的二十八宿、五行說、神煞系統並存而形成《七政四餘術》。此外，一些術數中的北斗星名，不用我國傳統的星名：天樞、天璇、天璣、天權、玉衡、開陽、搖光，而是使用來自印度梵文所譯的：貪狼、巨門、祿存、文曲，廉貞、武曲、破軍等，此明顯是受到唐代從印度傳入的曆法及占星術所影響。如星命術中的《紫微斗數》及堪輿術中的《撼龍經》等文獻中，其星皆用印度譯名。及至清初《時憲曆》，置閏之法則改用西法「定氣」。清代以後的術數，又作過不少的調整。

此外，我國相術中的面相術、手相術，唐宋之際受印度相術影響頗大，至民國初年，又通過翻譯歐西、日本的相術書籍而大量吸收歐西相術的內容，形成了現代我國坊間流行的新式相術。

陰陽學——術數在古代、官方管理及外國的影響

術數在古代社會中一直扮演着一個非常重要的角色，影響層面不單只是某一階層、某一職業、某一年齡的人，而是上自帝王，下至普通百姓，從出生到死亡，不論是生活上的小事如洗髮、出行等，大事如建房、入伙、出兵等，從個人、家族以至國家，從天文、氣象、地理到人事、軍事，從民俗、學術到宗教，都離不開術數的應用。我國最晚在唐代開始，已把以上術數之學，稱作陰陽（學），行術數者稱陰陽人。（敦煌文書、斯四三二七唐《師師漫語話》：「以下說陰陽人謾語話」，此說法後來傳入日本，今日本人稱行術數者為「陰陽師」）。一直到了清末，欽天監中負責陰陽術數的官員中，以及民間術數之士，仍名陰陽生。

古代政府的中欽天監（司天監），除了負責天文、曆法、輿地之外，亦精通其他如星占、選擇、堪輿等術數，除在皇室人員及朝庭中應用外，也定期頒行日書、修定術數，使民間對於天文、日曆用事吉凶及使用其他術數時，有所依從。

我國古代政府對官方及民間陰陽學及陰陽官員，從其內容、人員的選拔、培訓、認證、考核、律法監管等，都有制度。至明清兩代，其制度更為完善、嚴格。

宋代官學之中，課程中已有陰陽學及其考試的內容。（宋徽宗崇寧三年〔一一零四年〕崇寧算學令：「諸學生習……並曆算、三式、天文書。」「諸試……三式即射覆及預占三日陰陽風雨。天文即預

定一月或一季分野災祥，並以依經備草合問為通。」

金代司天臺，從民間「草澤人」（即民間習術數人士）考試選拔：「其試之制，以《宣明曆》試推步，及《婚書》、《地理新書》試合婚、安葬，並《易》筮法，六壬課、三命、五星之術。」（《金史》卷五十一・志第三十二・選舉一）

元代為進一步加強官方陰陽學對民間的影響、管理、控制及培育，除沿襲宋代、金代在司天監掌管陰陽學及中央的官學陰陽學課程之外，更在地方上增設陰陽學課程（《元史・選舉志一》：「世祖至元二十八年夏六月始置諸路陰陽學。」）地方上也設陰陽學教授員，培育及管轄地方陰陽人。（《元史・選舉志一》：「（元仁宗）延祐初，令陰陽人依儒醫例，於路、府、州設教授員，凡陰陽人皆管轄之，而上屬於太史焉。」）自此，民間的陰陽術士（陰陽人），被納入官方的管轄之下。

至明清兩代，陰陽學制度更為完善。中央欽天監掌管陰陽學，明代地方縣設陰陽學正術，各州設陰陽學典術，各縣設陰陽學訓術。陰陽人從地方陰陽學肆業或被選拔出來後，再送到欽天監考試。（《大明會典》卷二二三：「凡天下府州縣舉到陰陽人堪任正術等官者，俱從吏部送（欽天監），考中，送回選用；不中者發回原籍為民，原保官吏治罪。」）清代大致沿用明制，凡陰陽術數之流，悉歸中央欽天監及地方陰陽官員管理、培訓、認證。至今尚有「紹興府陰陽印」、「東光縣陰陽學記」等明代銅印，及某某縣某某之清代陰陽執照等傳世。

清代欽天監漏刻科對官員要求甚為嚴格。《大清會典》「國子監」規定：「凡算學之教，設肄業生。滿洲十有二人，蒙古、漢軍各六人，於各旗官學內考取。漢十有二人，於舉人、貢監生童內考取。附學生二十四人，由欽天監選送。教以天文演算法諸書，五年學業有成，舉人引見以欽天監博士用，貢監生童以天文生補用。」學生在官學肄業、貢監生肄業或考得舉人後，經過了五年對天文、算法、陰陽學的學習，其中精通陰陽術數者，會送往漏刻科。而在欽天監供職的官員，《大清會典則例》「欽天監」規定：「本監官生三年考核一次，術業精通者，保題升用。不及者，停其升轉，再加學習。如能黽勉供職，即予開復。仍不及者，降職一等，再令學習三年，能習熟者，准予開復，仍不能者，黜退。」除定期考核以定其升用降職外，《大清律例》中對陰陽術士不準確的推斷（妄言禍福）是要治罪的。《大清律例・一七八・術七・妄言禍福》：「凡陰陽術士，不許於大小文武官員之家妄言禍福，違者杖一百。其依經推算星命卜課，不在禁限。」大小文武官員延請的陰陽術士，自然是以欽天監漏刻科官員或地方陰陽官員為主。

官方陰陽學制度也影響鄰國如朝鮮、日本、越南等地，一直到了民國時期，鄰國仍然沿用着我國的多種術數。而我國的漢族術數，在古代甚至影響遍及西夏、突厥、吐蕃、阿拉伯、印度、東南亞諸國。

術數研究

術數在我國古代社會雖然影響深遠，「是傳統中國理念中的一門科學，從傳統的陰陽、五行、九宮、八卦、河圖、洛書等觀念作大自然的研究。……傳統中國的天文學、數學、煉丹術等，要到上世紀中葉始受世界學者肯定。可是，術數還未受到應得的注意。術數在傳統中國科技史、思想史，文化史、社會史，甚至軍事史都有一定的影響。……更進一步了解術數，我們將更能了解中國歷史的全貌。」（何丙郁《術數、天文與醫學中國科技史的新視野》，香港城市大學中國文化中心。）

可是術數至今一直不受正統學界所重視，加上術家藏秘自珍，又揚言天機不可洩漏，「（術數）乃吾國科學與哲學融貫而成一種學說，數千年來傳衍嬗變，或隱或現，全賴一二有心人為之繼續維繫，賴以不絕，其中確有學術上研究之價值，非徒癡人說夢，荒誕不經之謂也。其所以至今不能在科學中成立一種地位者，實有數因。蓋古代士大夫階級目醫卜星相為九流之學，多恥道之；而發明諸大師又故為惝恍迷離之辭，以待後人探索；間有一二賢者有所發明，亦秘莫如深，既恐洩天地之秘，復恐譏為旁門左道，始終不肯公開研究，成立一有系統說明之書籍，貽之後世。故居今日而欲研究此種學術，實一極困難之事。」（民國徐樂吾《子平真詮評註》，方重審序）

現存的術數古籍，除極少數是唐、宋、元的版本外，絕大多數是明、清兩代的版本。其內容也主要是明、清兩代流行的術數，唐宋或以前的術數及其書籍，大部分均已失傳，只能從史料記載、出土文獻、敦煌遺書中稍窺一鱗半爪。

術數版本

坊間術數古籍版本，大多是晚清書坊之翻刻本及民國書賈之重排本，其中豕亥魚魯，或任意增删，往往文意全非，以至不能卒讀。現今不論是術數愛好者，還是民俗、史學、社會、文化、版本等學術研究者，要想得一常見術數書籍的善本、原版，已經非常困難，更遑論如稿本、鈔本、孤本等珍稀版本。在文獻不足及缺乏善本的情況下，要想對術數的源流、理法、及其影響，作全面深入的研究，幾不可能。

有見及此，本叢刊編校小組經多年努力及多方協助，在海內外搜羅了二十世紀六十年代以前漢文為主的術數類善本、珍本、鈔本、孤本、稿本、批校本等數百種，精選出其中最佳版本，分別輯入兩個系列：

一、心一堂術數古籍珍本叢刊
二、心一堂術數古籍整理叢刊

前者以最新數碼（數位）技術清理、修復珍本原本的版面，更正明顯的錯訛，部分善本更以原色彩色精印，務求更勝原本。并以每百多種珍本、一百二十冊為一輯，分輯出版，以饗讀者。

後者延請、稿約有關專家、學者，以善本、珍本等作底本，參以其他版本，古籍進行審定、校勘、注釋，務求打造一最善版本，方便現代人閱讀、理解、研究等之用。

限於編校小組的水平，版本選擇及考證、文字修正、提要內容等方面，恐有疏漏及舛誤之處，懇請方家不吝指正。

心一堂術數古籍珍本叢刊編校小組
二零零九年七月序
二零一四年九月第三次修訂

實驗 玄真相法

命運導師 玄眞子 著

民國廿八年出版

命學金聲

初編

玄真子著

浙東命運導師玄真子命相卜課合婚選吉簡章

相流年氣色　文王神課

相妻財子祿　大六壬課

命批流年　壬奇批命

其餘不及細載　如欲細批　均行面議

凡蒙賜教　筆資先惠

外埠函批　掛號寄覆

空函垂詢　恕不裁答

館址　上海南京西路九五四弄六五號

玄眞相法 目錄

自序

夫相人之術。由來久矣。能指迷而越險。能轉禍而爲福。其道玄奧。易學難精。古時相學。雖無專書。惟我國古代醫學。以相診斷療病。相醫並重。故有形聲色脈。四診之法。醫生診病。必先望其氣。次聽其聲。再觀其色。更診其脈。方無錯誤。昔太公相文武之興。孔子相顏回不壽。唐舉相蔡澤之榮。子卿相撫恤之賢。呂公相劉邦興漢。許負相鄧通餓死。許邵相曹操。管輅相趙顏。水鏡相劉備。柳莊相永樂。皆盛行一時。著述亦復不少。不及一一細述。惟我國人士。對此極少研究。卽現代泰西各國。相人學。不乏研究之人。凡爲軍政界。偵探、法官、醫師、工程師。及各方面人士。於工作與社交之間。相人學。爲不可或少之學問。吾人處現今之世。人心險惡。陷阱密佈。防不勝防。故人人均應有特殊之智慧與見識。方免小人之欺詐。本書之對象。爲社會大衆。非爲某一階級。

故取材儘求其實用。不重於文句之修飾。及理論之研討。俾使讀者。一目瞭然。本書注重辨察精神、骨格、氣色、紋痣。讀後卽能知人富貴貧賤。吉凶禍福。百不失一。觀人之術。須探隱索微。有形惡而心善。有貌美而心險。有善藏於惡之內。有惡隱於善之中。是以善惡之辨。須靜心揣摩。方免錯誤。是耶非耶。尚祈
高明教我爲幸。

民國三十八年孟春。古越黃雲樵。別署命運導師玄真子。謹識於春申南京西路寓邸。

面相圖

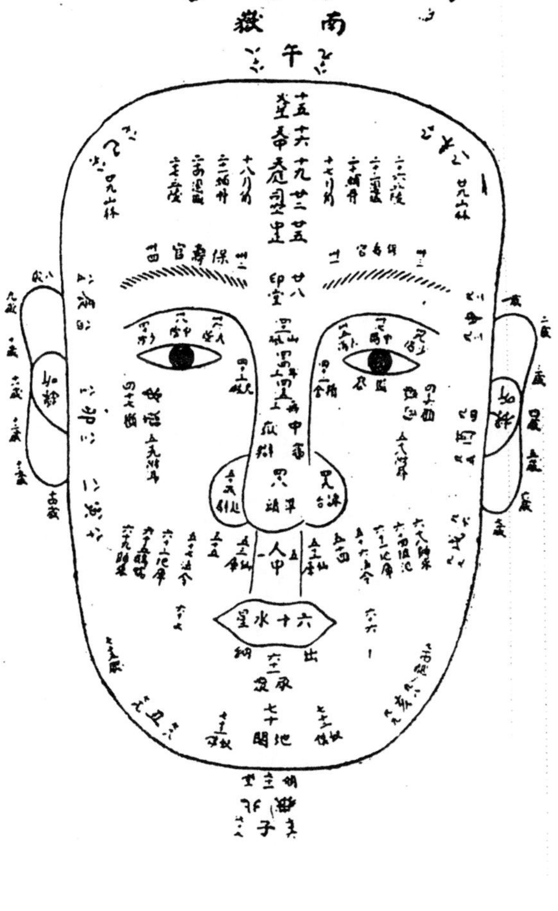

論相手掌圖

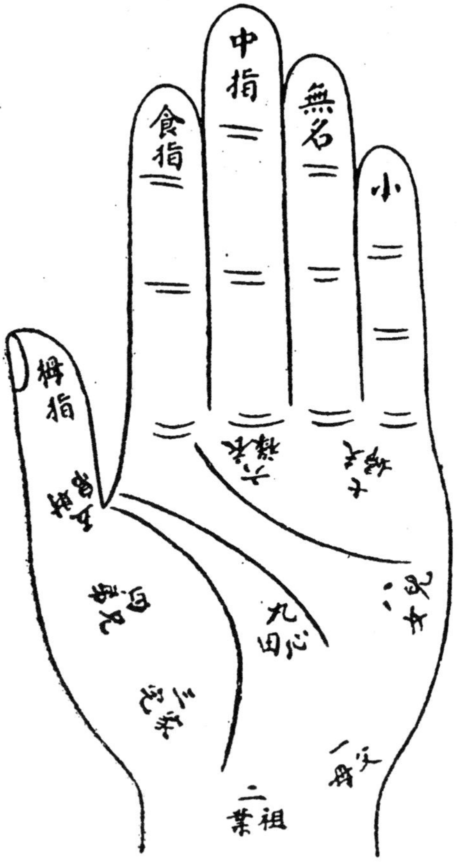

第一　論相啓源篇

今更一考相人學之啓源。遜清乾隆中年。開四庫館。發現之相書。有月波洞中經九卷。玉管照神局六篇。太清神鑑三篇。人倫大統賦一卷。寥寥數篇。相人學。不爲當時士大夫所重。故辨別人之賢愚壽夭。富貴窮通。仍甚欠缺。語言多龐雜。且不易瞭解。仍不能分其良莠。窺其堂奧。此外載相書。有麻衣相法。水鏡相法。神相鐵關刀。柳莊相法。筆記等書。但世間祕集。未刻之本亦有多足珍貴者。惟可遇而不可求耳。曾文正公書中之神骨冰鑑。言雖太簡。惟有稽考。亦不易多得。近日坊間。流行諸書。亦極繁夥。大率彼此沿襲。亦無發明新論。大多雷同。鄙人參考斯道有年。自問頗有心得。以客觀觀之。向不爲世所重。以其學有本源。對於人事變幻。吉凶禍福。成敗利鈍。確有需要。吾人一讀。

獲益非淺。際此文明之秋。人人應有互助博愛之精神。避禍趨吉。一無可恃。返顧環境。不寒而慄。宜自覺覺人。勿謂小道而輕視之。相人學。有益於社會。感化人心。審察良莠。亦吾人處世。一大之常識。蓋有心無相。相從心生。有相無心。相從心滅。善惡果報。古今彰然如繪。修心補相。古有明訓。不可以善小而勿爲。不可以惡小而爲之。希讀者注意。不可忽略焉。

第二　論三停貴賤篇

面部爲相學之表。分上中下三停。上部髮際至眉間。管少年卅年之安危。中部山根至鼻頭。卅一歲至五十。二十年之得失。下部人中至地閣。五十一歲至七十。終身結局之榮枯。上部頭闊額方。其人富有智力。遺產豐厚。天才過人。必早年顯達。聲譽遠播。中部鼻直樑高。準頭豐隆。兩顴直插太陽。全體豐肥。自奉儉樸。善於理財。策劃週詳。眼光寬慈。發言溫和。主中年興發。財入府庫。致富興國。下部口闊。人中長厚。唇紅齒白。口角向上。地閣豐厚。重頤燕頷。主晚年發跡。老運亨通。

上部頭小額尖。髮低太陽削。眉濃眼睛濁。中正低陷。有橫理紋。早歲破敗。印堂穿破。少年困鈍。天庭偏陷。祖庇少倚。髮際尖低。幼多刑尅。兩耳反廓。孩提多病。太陽太狹。壯志難伸。中部鼻塌起節。眼內黑白不清。紅筋貫睛。兩顴露骨。皮急肉薄、魚尾侵顴。定主中年破敗。眼角短紋。尅妻或分離。眼下黑痣。防尅兒刑女。下部長。人中薄而長。齒斜而露。口角向下。地閣尖削。法令太深。晚年必多奔波。下部偏削。後腦劈削。耳根黑痣。倒路野死。或遭飛災橫禍。

如能修心積德。樂善好施。或可挽回造化。遇難呈祥矣。

第三　論五官強弱篇

耳爲採聽官。管孩提十四年之通塞。額方面圓。兩耳貼肉。耳下輪大。色白或紅。幼運安然。面目瘦長。兩耳要長、氣色鮮明，眼內分明。精神充足。淸秀爲貴。名高福優。食祿萬鍾。兩耳反廓。耳輪開花。幼多闕煞。六親少助。晚景凄涼。勞碌奔波。耳反肉薄。面如橘皮。下吧尖長。終身庸庸碌碌。到老不能安逸。眉爲保壽官。主中年之休咎。眉毛要彎。根根見肉。眉有彩色。彎如半月。瀟灑風稚。少年眉長。恐主夭亡。五十外眉長。壽享鶴年。眉太濃而短。亦主重慾貪淫。眉毛疏散。財耗如塵。骨肉少情。六親無援。眉骨太高。早年反覆多端。半濃半疏。先勞後逸。

眼爲鑒察官。主一世貴賤。古人云。貴人無賤眼，賤人無好目。眼睛黑白分明。精神充足。中年貴顯。名揚國府。眼黃睛赤。殺性頗重。必有奇榮。恐防奇禍。眼睛突露。愼防惡死。眼睛黑白不分。赤脈纏睛。中年破敗家園。眼睛太露。睛瞳突出。紅筋綳滿。恐遭橫禍。濃眉壓眼。頤肉侵顴。必主怕妻。眼有雌雄。富而多詐。眼睛近視。神藏不散。蘊秀內藏。文學堪誇。從文化界。業振財豐。心愛風流。忌走桃花。兩目無神。貧窮不壽。

鼻爲審辨官。四十歲至五十之運限。此十年之得失。鼻爲土星。位居中嶽。眼中間爲山根。不宜有紋侵斷。要直高大爲富。鼻中間不宜起節。準頭豐隆。富而且康。顴鼻露骨。名利完全。鼻高而削。骨露少肉。顴低露骨而鼻高。非貧卽賤。鼻竅仰天。山根低細。中部起骨。破敗家產。中年顛倒。鼻尖而勾。形像弓字。孤苦少祿。鼻準圓墜豐滿。和氣生財。鼻如鷹嘴。挖人心肝。鼻曲三四。愼防反覆。

口爲出納官。管晚年之造化。男人口要闊。齒齊唇紅。舌厚而圓。食祿彌豐。福祿齊美。女人口要小。稜角向上。唇紅齒齊。主貴夫子。口角直平。必幫夫助子。向下少祿。無子孫福。口闊晚年少依。手粗脚大。一世勞苦。手指如姜。節儉持家。賢慧可風。

先勞後逸。口闊而聲雄。先樂晚景勞苦。

第四　論相手篇

手爲相之本。面乃相之標。面相好。不如手相好。手相好。不如心相好。近來歐洲各國。研究手相學。頗極一時之盛。吾國相書。雖手形圖畫之排演。但窮數年之時日。亦不能瞭然胸中。西人將我國之九宮八卦。譯爲乾卦一。坎卦二。艮卦三。震卦四。巽卦五。離卦六。坤卦七。兌卦八。掌中明堂九。名目雖殊異。禍福合一。九宮八卦。改爲一二三四五六七八九。手足爲人之四肢。

似同天道。春夏秋冬四季。天道四時。水旱不調。則萬物失令。人之手足。四肢不配。則一生困苦。手足之關於面相。關係重大。可不研究乎。貴賤貧富。勞苦安逸。一望而知。譬如樹木。枝葉茂嫩。其樹之榮。發育强盛。形神俱佳。枝枯葉衰。其樹之根土淺薄。易老易衰。故手相爲先天。面相爲後天。貌美不似手淸。貌美而手粗。其人外相好。終身隱痛勞苦。其人貌濁手淸。先窮後達。貴人十指軟尖節細

○掌紋分明○清秀成字○或熱如火○或軟如綿○八卦豐滿○掌中深○手背不露筋骨○一生清閑福祿○面長身長○清瘦爲之木形○露筋骨不忌○惟掌紋宜細多○分清爲貴○指節大紋粗○濁氣滿盤○一世多勞少逸○最要手相○面相兩種○須要配合○面方形短○手掌要方○指短色紅○鮮明潤澤○指甲要紅○其人血氣充裕○指甲白色○血衰之表○有黑點白點○定有暗疾之纏身○觀察掌紋○指節下第一條爲天紋○行少年運○清智慧○粗愚笨○中一條爲人紋○行中年運○深長創大業○淺粗爲勞工○最下一條爲地紋○行晚年運○清長不斷○富壽結局○中斷防夭○此係先天紋○未出母胎先生成○貴人手指長○而掌色紅潤○紋清奇致富貴○掌厚指短○節細色紅潤○紅如殊砂○九宮豐滿○

掌中深爲福○掌平則少利○食指下爲財○高則財豐○低則財薄○紋侵則財散○指漏縫○則財損○中指下爲祿○高則祿厚○低則祿少○無名指下爲妻宮○肉高則妻淑○必有內助○低則妻不賢○起紋散亂○

。離婚尅妻。貪花好淫。斜紋起叉。直紋要納妾。可金屋藏嬌。小指下爲子女。，高則子女多。而富貴有望。低而多紋。防尅兒女。且少子女。定無希望。乾一爲父母。其色紅潤。父母康寧。如色白黑。椿萱不安。坎二，祖業。高而色紅。遺產頗豐。

低而多紋。祖遺少倚。艮三爲家宅。色紅潤。人口家宅平安。青主破財。黑防盜竊。高美低貧。震四爲兄弟朋友。高起色紅。高朋滿座。兄弟多義。低陷多紋。碌碌寡交。朋友少緣。掌紋要細而深。成字成形爲富貴。粗淺散亂爲貧苦。食指長。無名指短。

其人自有主張。食指短。無名指長。其人自振家聲。早歲披星　戴月。待人爲好成怨。手掌軟如綿。風流安閑。紋細而多。思想必多。橫紋一字生。六親少倚。須防橫禍。或孤苦奔波。手軟掌紋粗。大而清奇。其人膽大。氣量勝人。有權變。富智力。男人生女手。膽小好色。自命風雅。私利心重。不可付託大事。手指細尖。掌軟而圓。掌紋清秀。分明其人。聰明多智。馳譽社會。功業巍巍。女人手軟色紅。

紋細而清。可知多才。智富識廣。天才伶俐。識見高遠。手指尖節粗。紋亂聰明多勞。手背有肉。終身多財多福。女人手指如薑。勞力起家。善操家政。掌軟而色紅。

紋秀肉香。身如白玉。大富大貴。夫人無疑。面黑帶紅。手白手背厚。不露筋骨。富而且康。夫榮子貴。看其脈上肉之粗細。定其清濁貴賤。項頸肉色。極易探視。蓋女人以莊重嚴靜爲德。主富貴福壽。輕浮偏斜爲淫賤。一時歡娛。終身勞苦。出言溫和。

夫不招橫禍。言語急發。引是招非。操作之人。手硬興家。淫賤之婦。手滑如油。肉色齊美。掌軟紋秀。幇夫助子。手面相配。

一世安然。面秀貌美。手濁掌粗。少淫老苦。女人貞苦淫樂。只在少年。老無收成。此則論其大略。須細心揣摩。不可忽略也。

第五 論言語篇

古云。病從口入。禍從口出。人言爲信。乃是非之門。聖人云。一言興邦。一言喪邦。言語之關係。不亦大哉。言而守信。謹愼從事。隱惡揚善。爲之德言。播弄是非。無中生有。蠱惑煽動。幸災樂禍。爲之賊言。定損陰德。齒闊而齊。人中蓋齒。言不妄發。小心翼翼。三思而行。愼重發言。其人信用遠孚。馳譽社會。

事業鼎興。財盈府庫。唇掀齒露。嘴唇皮薄。人中不蓋齒。牙齒歪斜。妄談是非。以言取禍。齒小而歪。舌尖而薄。舉動鬼鬼祟祟。說話避人所見。行爲不正。決是虛僞欺騙之徒。金聲發言淸。木聲發言高。水聲發言圓。火聲發言急。土聲發言低。怪聲驚人。聲同裂帛。定遭橫禍。言語溫和。可增福壽。揚人之德。掩人之非。轉禍爲福。靜默寡言。淸閑之客。

第六　論四季月令氣色篇

氣藏於內。色現於外。春季正二月屬木。看三陽左眼下。及右口角右顴。寅卯二宮青色。主作事吉發。白色凶險。發黑刑傷。事宜緩行。三月辰宮。土旺用事。黃色帶紅爲吉。青逆黑凶。四五月屬火。喜紅黃色。在右額角天庭大吉。黑凶青順。黃守。白失財。六月未宮屬土。在左額角。喜黃色利。青凶。紅順。白損失。七八月屬金。申酉二宮。在左顴太陽。喜白色。忌赤色凶。黃順。青破財。九月戌宮屬土。喜黃色吉。青凶。白損失。黑逆。十月十一月屬水。亥子二宮。在左口角地閣。喜黑色利。黃凶。白守。紅失財。十二月丑宮屬土。喜黃色利。青凶。黑失財。五形氣色。相尅不吉。右顴發白。金尅木。愼防朋友來反目。鼻上發青木尅土。偏正財運皆破失。嘴角發黃土尅水。時逢冬季防受災。額上發黑。水尅火。夏季逢之身受苦。五行相生之氣。作事多順。利路滔滔。嘴角發白金生水。指揮如意財帛豐。右顴黑色金生水。事業鼎新家宅康。額角發青木生火。旅行謀事皆成功。鼻上發黃火生土。事半功倍多收獲。左顴發黃土生金。添丁增財名譽興。以上論五行氣色之生尅制化。讀者幸注意之。

第七　論五形神煞篇

形現於外。神藏於內。有金木水火土。五種之分。金形色白。同字面方。手掌秀短。指長紋淸。發於西方。貴而且富。怕走南方。赤色少神帶濁。火尅金有禍。

木形目字面長。質瘦色青。要有精神。髮鬚眉。以淸黑爲貴。走東北方。興家發福。指長掌短。紋多更佳。成字成形。露筋露骨不忌。最怕兩目少神。氣色發白。忌走西方不利。金尅木招災。水形肥胖。圓字面形。色黑魁梧。眼睛神足。手背有肉。指長掌短。紋少分淸。腰圓背厚。口闊四字。晚年富貴。西北方發跡。最怕黃色。人短方者。以土尅水。非災卽危。

火形上小下闊。尖字面形。氣色紅潤。眉毛疏散。眼黃神足。目光如電。聲音急躁。鼻正口闊。髮黃少鬚。非富卽貴。火形發於西南。忌走北方。水尅火遇禍。

土形敦厚。面如田字。背厚腰豐。五短身材。色喜黃紅。黑亦不礙。最忌東方。現青色。木剋土。破祖離鄉。非敗卽刑。

以形體養血。以血養氣。以氣養神。精氣神從骨生。屬陽。血肉色從肉生。屬陰。人稟天地。受陰陽二氣之成形。得金木水火土五行之資。故人爲萬物之靈。頭像天要大而圓。脚像地。要方而厚。眼爲日月●聲音如雷霆。血脈如江河。骨節同金石。額鼻兩顴地閣爲五嶽。毫毛如草木。手脚如春夏秋冬四季。夫人爲一小天。天爲一大天。信乎。故頭要高大。項圓額方。脚像地。要豐厚堅强。眼爲日月。要光明。鼻爲棟樑。要直聳入眉間。口爲河海要闊。舌厚齒齊唇紅。人中長不露齒。手足像四季。要與身體相配合。身長面長。手足長。精神飽滿。貴爲領導萬民。倘身手面足不配。則一生碌碌。抱朴子云。天道四時。雨水風雲不調。則萬物失令歉收。人之四肢。不配於相。則一生困苦。假使人之面部小。五官手足。身體均小。聲宏氣寬。定可超羣人上。如形體魁偉。而聲音低小。度量吝嗇。視財若命。生子必敗。決非大器。此則論其大略。形貌好不奇。精神足爲美。古云。形有餘神不足者。外好而內虧。非貧卽困。神有餘而形不足者。一世安然。中年富發。面貌秀而身濁。手粗脚大。聲同破鑼。定是貧困之輩。面貌惡而手軟如綿。肉細色嫩紅潤。掌紋淸奇。先苦後發。須察其氣魄才量。精神緩聲高。言語宏亮。富貴福壽。言語不淸。氣濁神枯。舉動呆滯。聲同破鑼。非貧卽賤。氣色定行年之休咎。精骨定一世之榮枯。相人緊要關鍵。一要先看其形。二揣其骨。三視其神。四聽其聲。更觀其色。再參五官。三停强弱。審察眼前氣色。紅黃爲喜。青黑爲憂。印堂現赤色。防訟事回祿。鼻上現青色。主破財。或虛驚。兩顴發青。朋友口舌是非。耳門現黑色。恐防損壽。

第八　論富相篇

面如田字。形端表正。神靜氣緩。體厚形胖。天庭高闊。地閣方圓。目慈眉清。背豐肩厚。腰圓鼻豐。舉止穩重。待人和平。平生多錢鈔。五嶽朝拱。一世堆黃白。鼻頭肉厚。中年財入庫。準頭豐隆。晚歲積財寶。地庫隆起。人瘦精神足。財儲箱倉。形矮面團團。富家之翁。額方面闊。口方唇紅。舌頭圓厚。六府高强。大富之相。眼藏神安。手足背豐。一世富足。

第九　論貴相篇

面如同字目字。骨格清奇。必許貴達。龍眉鳳目。一國主席。天庭高聳。兩顴插天，虎頭燕頷。鼻聳印堂。河目海口。腰圓背闊。龍腦鳳睛。皮膚細香。聲若銅鐘。掌紅如硃。手熱如火。乃大貴人相。河目海口。食祿豐隆，鐵面劍眉。兵權萬里。燕頷虎頭。遠鎮邊疆。虎步龍行。國府領導。目長黑白分明。貴超上乘。輔骨隆起。早年出道。耳白過面。名聞內外。松形鶴骨。可修清福。金城骨分。大將之貴。山林骨起。輔骨隆高。伏犀骨。貫天庭。一品大貴。鼻直顴插天倉。萬軍勇將。天庭高闊。少年富貴。地閣方圓。晚歲榮華。眉清目秀。聰明機警。天庭高聳。早露頭角。南人天庭高闊。貴而清奇。北人地閣寬厚。貴多德政。骨格清奇。下吧太長。貴而必多勞碌。此則具其大略。讀者靜心揣摩。方無疏漏矣。

第十 論貧相篇

鼻塌樑低。眉如八字。眼內少神。氣濁神枯。骨粗皮糙。額上斜紋。
地閣偏削。兩耳反廓。眉淡疏散。鼻管仰天。無隔宿糧。愁容滿面。
結喉露齒。肩聳過項。形同哭臉。筋露肉粗。貧窮到老。
兩眼少黑。窮苦無依。眼露朝天。心高孤苦。滿面愁容。笑聲似哭。
鼻灣三四。三尖六削。唇薄口尖。脚跟不着地。賣盡田園。
鼻竅露孔。頭尖額削。眉毛下垂。印堂多紋。聲如破鑼。髮同枯草。
下吧尖削。山根斷紋。說話聲乾。如雨中鷄。面色青黃。眉蹙縐紋。
氣濁神枯。貧寒之相。

第十一 論賤相篇

眉聳聲泣。肩高於項。手中十字。唇掀齒僄。皮糙骨寒。印堂深鎖。雙眼如鼠。吃食似猴。結喉骨突露。眉如八字。魚尾紋侵顴。如雨中鷄。喉結露骨。骨肉分離。劍鼻蜂睛。凶賤無疑。肩削腰細。骨粗髮重。獐頭鼠目。頭無枕骨。骨尖肉薄。兩眉緊蹙。山根細斷。背虛成坑。露筋露骨。三尖六削。偷眼看人。獨人自語。額狹髮低。嘴如吹火。齒露唇掀。鼻削竈露。兩耳縮起。眉像衰草。嘴唇灰白。雙目四顧。手如乾柴。骨露筋粗。肉不包骨。骨多偏削。有聲無韻。雙眼如鼠。偷竊下賤。

第十二　論壽相篇

松形鶴骨。骨强肉匀。皮寬神藏。耳白方大。額生三紋。眉清尾垂。丹田發音。腦後橫骨。舉步寬正。氣緩神和。器量豁達。平生無憂。聲音寬宏。面皮寬厚。人中厚長。眉灣而清。過五十歲後。眉生白毫。耳孔生毫。睡流口涎。小便特長。項下有條。睡時安靜。頭有主骨。頭皮寬厚。聲如銅鐘。皮肉寬宏。骨肉相稱。眼有靜神。安而不亂。飲食調匀。福壽雙全。聲音韻長。鼻管呼吸。進氣多長。出氣短少。不計小怨。排難解紛。一團和氣。皆主壽考。鬍鬚鎖口。雖享鶴年。歸束之時。長病噎食。痛苦不堪。

第十三　論夭相篇

腦無主骨。聲乾無韻。面多斑點。面皮虛薄。神短無光。肉色輕浮。
人中薄蹺。鼻無樑柱。骨粗皮急。睛如魚目。形同土偶。天柱骨倒。
齒露唇掀。項下結喉。面皮太急。少年太肥。氣韻太短。
唇縮神枯。形駭傴促。鼻削露骨。背脊成坑。聲乾無韻。後枕無骨。
面急如鼓。兩目無神。鼻削氣短。骨粗皮急。轉動昏花。

第十四　論橫死相篇

馬面蛇睛。恐遭橫死。眼如猪相。死必分屍。唇縮神癡。眼光太露。黑同濕炭。耳門黑暗。蜂眼暴露。白如枯骨。印堂黑暗。項下結喉。顴起峯巒。赤脈貫眼。睛如魚目。眼惡鼻勾。騰蛇入口。鬍鬚鎖喉。法令綳急。赤如猪肝。睡時開眼。承漿黑痣。喉結黑痣。腰中黑痣。蜂眼蟹目。眉草如刀。怪聲驚人。騰蛇入口。法令鎖嘴。行爲險惡。恐遭橫死。以上敍其大略。讀者須勸其修心補相。定可化險爲夷耳。

第十五　論內病氣色篇

心痛眉必縐。心燥髮先脫。血燥鬚髭紅。服毒人中白。肝盛雙眉赤。
肝衰皮毛燥。人瘦肝火旺。遺精面青黃。脾寒口唇青。受寒嘴唇白。
肥人多痰濕。痰濕眼白黃。額烏知腎虧。膈胃眼昏黑。肺熱準頭紅。
肺燥兩顴赤。濕痰眼肚腫。濕盛面皮黃。寒喘兩顴烏。熱血眼顴紅。
腎枯耳根黑。腎衰舌胎黑。眼定防瘋狂。瘦弱氣虛弱。鬚困喉噎食。
鎖口鬚病癱。多夢兩手冷。受驚山根青。瘋濕眼白藍。腎虛眼下黑。
失血烏年壽。多汗口唇青。

第十六　論修心補相篇

心乃貌之根。觀心而善惡自見。行乃心之表。觀行而禍福可知。吾人處世交友。對於勸善改過。揚友人之長。隱友人之短。積德行善。不在多錢。貧者心仁。專行好事。路上看見。碎玻璃。破碗片。鉛絲。洋釘。等障礙物。用手拾開。仁人本惻隱之心動。極智盡能。力之所及。苦口勸人行善。見人失物。拾着還之。勿起貪心。日積月德。自然由貧轉安。富人排難解紛。助學濟人。救貧施藥施衣。家富提攜親戚。歲飢賑救鄰朋。出門上車下船。救急助人。功德無量。自能避禍趨吉。因果報應。絲毫不爽。社會人士。能篤行之。將來必得善報。

正人心。修身。齊家。治國。平天下。古云。德者本也。相者末也。未觀相貌。先察心田。讀者細心探討。方知受惠無窮矣。

第十七　論女子福祿富貴篇

女人有威有德。舉止端莊。坐不搖膝。行不偏頭。笑語溫和。風韻雅靜。貴者聲如鳳鳴。音有餘韻。緩步不亂。腰圓背厚。肌肉細膩。手背隆起。吐氣如蘭。後臀厚大。面圓體厚。夫榮子孝。富貴福祿。眉清目秀。鼻直圓正。口生菱角。髮軟如絲。皮膚細香。齒白唇紅。兩耳大方。有輪有廓。三停平匀。五官端方。容貌莊嚴。和顏悅色。鵝行鴨步。福祿富貴之相。

第十八 論靑年男女婚姻篇

聯姻爲人倫之始。結婚乃夫婦之初。欲結百年良伴。須究雙方性情。男相成家之子。五官端正。克勤克儉。性情和氣。作事精明。眉淸帶灣。眼內有神。閑談時常念舊。行爲孝悌。此相必可安家立業。重色薄情之相。初見面時。相見恨晚。談話時。百般恭敬。甜言蜜語。專事誘惑。小錢極鬆。投你所愛。百依百順。使你稱心。一結婚後。半年或一年。漸漸生隙。咀唔爭吵。夜游不歸。相書云。男子面皮薄而少義。眼深陷而心狠。面圓正而鼻豐。

眼慈秀而多義。皮急眉疏。眼突眉粗。兩眼如醉反面無情。女子之相。面貌莊嚴。舉動和緩。三停平勻。眉淸目秀。口小生菱角。口如榴子。鼻準圓正。下吧朝上。髮軟淸香。手如白玉。身如脂凝。性情和氣。不愛虛榮。敬老懷幼。則賢淑之相。如眼大眉粗。顴高口闊。眉稜骨高。出言誇大。只要自己享受。不顧丈夫苦心。離嫁不足爲奇。

以上兩種。作青年之參攷。則敍其大略。不可疏忽焉。

第十八 論青年男女婚姻篇

第十九 論女子刑尅貧苦篇

刑夫之婦。顴高額方。尅婿之女。眼突睛圓。黃髮拳髮。額有旋螺。耳反無輪。鼻瘦面肥。額有斜紋。女人男聲。青筋露額。眼內紅筋。印堂懸針。面瘦口大。山根低陷。結喉露髮。齒剛骨硬。人中偏斜。眼生三角。手粗脚大。頭尖鼻削。胸高骨凸。無眉深眼。乳頭下垂。口如吹火。聲如破鑼。肩聳背陷。無臀無腹。眼生魚尾。面皮橫生。額方面闊。

第二十 女子尅子淫賤篇

眼下成坑。眼下黑暗。眼下直紋。人中平滿。人中橫紋。眼下流淚。
鼻上生紋。多尅子息。淫賤之相。眼光如水。面如桃花。雀斑滿面。
眉毛太濃。行動輕浮。未語先笑。倚門剔牙。掩口而笑。
擺手搖頭。頷骨高低。鼻尖鼻小。嘴唇歪斜。面美身粗。顴削顴高。
偷看斜視。蹻臀高胸。托顋咬指。伸腰嘆氣。舌尖唇掀。無事虛驚。

第二十一 小兒之相易養難養篇

小兒相法。枕骨爲主。山根爲輔。以神爲最。以聲爲要。枕骨成形。山根豐隆。壽考必期。雙目有神。頭皮寬圓。亦爲壽相。無枕骨難養。叫聲連綿者壽。聲絕復揚者必夭。山根帶青。是爲病兆。睡時舌頭向上。易養之兒。

額方耳厚。早年富貴。睛大有光。富貴難量。睡不閉嘴。八歲防災。哭聲微細。能言而亡。數歲不言。而神定者。必爲重器。頭髮稀疏。陰囊如無。身有汗血。通身軟綿。臍小而突。小便如注。早行早坐。早語早齒。俱是夭相。啼聲散漫。不能成人。常擺手足。低頭而哭。難養之兒。不愛清潔。玩耍汚穢。易養之子。語聲不響。精神不足。不好戲耍。多食零食。多病難養。雙眼下視。口角流涎。下人之相。眉粗眼大。定主愚蠢。項下雙絛。囊黑皮堅。肉緊不浮。富壽之相。好玩戲耍。精神有餘。富貴聰明。

八歲愛潔。衣服整齊。語言嚮喨。精神不俗。富貴壽考。自己戲耍。聲有餘韻。易養成人。隔室聞言。音韻連續。福祿綿延。衣豐食足。山根壽上。豐滿兩傍。病災不侵。幼年安康。坐立言行。皆喜遲緩。易養易大。福壽必期。天資活潑。舉止穎異。問答如流。定係偉器。音韻飄暢。枕骨成形。多喜少憂。不同凡相。瘦羸不怕。有神方貴。步履從容。應對敏捷。待上謙恭。恪遵訓言。非池中物。以上觀小兒之相。就知易養難育。使讀者。作爲參考耳。

第二十一　論小兒之相易醫難養篇

第二十二 相脚篇

▲脚者足也。上載一身。下運全體。故像地要厚。富貴福壽足小而方。脚背有肉。足底現紋。細膩如金線。定是富貴福祿。顯達之人。足筋堅健。壽至鶴年。脚長肉粗。足底無紋。皮粗奔波勞碌。窮苦之人。足硬骨突。筋粗無紋。窮困之人。脚背少肉。露筋露骨。足底有紋。自起家業。先勞後逸。足底黑痣。英雄可掌萬人上將。足底紅痣。富而心善。足底有螺紋者。貴而且富。或通達足智。脚跟無骨。夭亡野死。脚跟不落地。家產破敗無成。足跟骨突起。勞碌奔走他鄉。脚短背厚。足底紋秀。肉細色紅。定多智慧機謀之人。此篇十有九驗。希注意焉。

第二十三論　手指五行篇

掌紋乃個人貴賤之因素。手形定一生爲人之賢愚。手掌五指。大拇指屬肝。主獨立。向外而軟。作事達權通變。能應付環境。朝裏自私自利。勾進刻毒陰險。寬大忠厚。圓仰聰明。偏斜貧窮勞苦。

食指屬脾。主一世衣食。尖直指節細。食祿並美。短粗偏曲。衣食不足。歪斜貧賤。節粗勞碌奔波。圓大能多吃。寬方足食豐衣。中指屬心。主思想計劃。一直堅實秀嫩。主心善良。寬宏大量。方正忠實。克己待人。福祿優良。事業興旺。偏斜貧窮。彎曲衣食不足。

無名指屬肺。主智慧。尖直思想敏捷。作事隨機應變。圓直喜活動。善於交際。自有主張。有創業天才。辦事謹慎。信用遠孚。頭頭是道。名利齊美。寡方守舊喜靜。實事求是。偏歪粗濁。則貧病相纏。孤苦無依。

小指屬賢。主動力。應透過無名指第三節爲美。尖直主子女孝敬。外緣春風。平三節。中年發達。不過三節。子晚少依。六親少助。
灣曲不吉。財丁不旺。乾枯貧窮。
五指俱要圓正。清秀平直。指偏細尖。掌圓八卦豐爲貴。最忌歪斜偏削。八卦低陷。疏漏禿硬指節粗。掌長指短。人離財散。手斜偏削。貧苦無依。手軟如棉。閒有多錢。賓主相投。龍虎相配。一世安然。掌紋清奇。富貴雙全。

第二十四　論紋痣毫毛吉凶篇

夫人面上。手掌足底之紋。關吾人之吉凶禍福。如額一條橫紋。爲華蓋紋。主幼尅父母。二條爲偃月紋。主驕傲。三條爲伏犀紋。主早歲勞碌。晚享壽考。假如印堂中正。有如意樣紋。主心奸詐。或許有乂字紋。主刑尅子女。印堂八字紋多。憂愁窮困。反八字紋。主孤窮。眼角有短魚尾紋。恐尅妻或分離。魚尾紋長向上。早年勞碌。有貴人提拔。自創基業。魚尾向下。則奔波無成。山根有紋侵斷。離祖成家、鼻上直紋大凶。橫紋破敗祖業。鼻兩傍法令紋向外。細淺紋則吉。深防刑子。入口內餓死。下吧中央。有橫紋亂紋。皆主遭水厄。手足之紋。有專篇從略。眼下橫紋。曰幸福紋吉。眼下肉內如針橫紋。爲陰隲紋。其人行暗好事大吉。眼下直紋。尅子刑女。人中橫直紋均主孤。額斜紋爲天羅。防牢獄之災。顴上有破額紋。主對外損財。兄弟不和。項頸一條圈紋過耳後。恐遭縊死。項下年老有兩條紋。主壽考延年。

問痣。痣乃血生。紅痣主善。從心所生。金形人紅痣必多。土形水形亦有。火形人少。木形則生黑痣。古云。明記暗痣。面上痣吉少腰中黑痣不利。防夭亡野死。胸前中聰明。奶下左富右貴。臍中痣主大富。臍下亦吉。男子陽物有痣。必生貴兒。卵下有黑痣。思想聰明。足底黑痣。大貴之兆。紅痣大富。脅下毛內之痣。草內藏珠。大吉之象。此則舉其大略。

讀者細心研討。則必中矣。

第二十五　論相玄眞篇

▲夫人心之不同。各如其面。相人之法。上看髮額。中看顴鼻。下看地閣。審察三停。再參五嶽。更聽聲音。善觀氣色。方免錯誤。

▲問名在耳。兩耳高聳。有輪有廓。肉厚而貼。色紅色白。耳高過眉。垂珠朝口。名譽顯赫。

▲問富在鼻。山根不可斷紋。年壽不可起節。鼻頭豐隆。兩顴相配。腰圓背厚。手背肉厚者富。

▲問貴在眼。貴人之來。不同凡形。眉清目秀。鼻直口方。天庭高闊。聲音清高。脣紅齒白。行路穩重。文貴清秀。武貴威嚴。目光如電。顴插天倉者貴。

▲問壽在眉。五岳寬宏。法令潤澤。人中深長。精神和緩。腦骨橫生。兩耳厚大。五十歲後。耳內生毫。晚年長眉。睡口流涎。小便氣長。睡時呼吸。寬靜者壽。

▲夭者之相。蜂腰雀躍。眼露浮光。皮急如鼓。未言色變。語未完而聲絕。神昏昧而聲乾。背似陷坑。人中短薄。身小脚大。項軟頭偏。行路歪斜。睡不閉眼。肉色輕浮。面多斑點者夭。

▲貧窮之相。滿面愁容。眉蹙眉縐。色如塵土。笑聲如哭。形同雨中鷄。鼻頭露。額角狹。肩聳背陷。露筋骨。破聲音。結喉露齒者窮。

▲通達之相。五官開朗。滿面光潤。聲音宏亮。耳白過面。神清氣爽。手足細膩。眉毛灣秀。一世清閑者通達之相。

▲禍害之相。眉草如刀。眼生紅筋。神光暴露。聲如破鑼。音同裂帛。氣急心躁。利己害人。肌肉橫生。眼突鼻灣。咬牙切齒。低頭握拳。自言自語者。有禍遭橫死。

▲福德之相。三停平齊。六府調和。五官端正。眼慈神和。謙謙君子。度量寬洪。聲音和緩。態度安閑者福。

▲破財之相。鼻上生紋。山根三紋。鼻現青氣。井竈太露。眉毛疏散。面大鼻小者破財。

▲敗業之相。懶怠是甘。身如楊柳。貪吃懶做。早睡遲起。鼻削如刀。齒露唇掀。兩眼無神。鼻有彎曲。手冷如冰者。敗業之相。

▲孤獨之相。滿面淚痕。眼下低黑。縐紋橫生。人中平滿。猪眼羊睛。頭尖地削。骨露肉外。心喜清淨。衣潔物整者。孤獨之相。

▲兇惡之相。火色貫睛。眼帶殺氣。眼有三角。鷹眼狼鼻。怒容滿面。妒人富有。幸災樂禍者。兇惡之相。

▲疾病生死之相。內病外發。山根青病輕。山根黑昏沉。病晦延長。太陽下。耳邊門傍發黑。則死期近矣。

以上各相。均以經驗所得。特貢獻於讀者。祈細心揣摩。百不失一耳。

▲齒乃骨之餘。屬陽。齒宜長而密白而齊。男子卅六齒爲大貴。卅四卅二爲妙。卅齒中平。廿八廿六下賤。闊而露。尖而斜。則貧賤孤苦之流。

▲論頭髮。髮乃血之餘。屬陰。髮宜清而細軟者貴。軟而稀。髮際平

齊有福。髮硬而剛。必多刑尅。髮低而性愚笨。土形髮細而低晚達之相。早年落髮。心燥血衰之表。老年滿頭烏雲。髮不脫落。主尅子女。粗濃下賤。捲髮孤獨。髮如枯草。貧夭兩全。女人髮重。長過膝下者防惡死。

玄眞相法初版啓事

玄眞子爲鄙人之別署。曾緣先世皆攻舉子業。迨先君宦遊歸隱。督飭綦嚴。詩禮之餘。常勗以男兒。必須忠孝友悌。互助博愛。否則不可爲人爲子。鄙人素心好奇。愛麻衣之妙訣。壯遊湖道。得鬼谷之眞傳。雖足迹遍南北。而皆碌碌寡合。賸得淸風明月。何可療飢。惟以松烟斑管。出旁嗜之命相學。賺衣食以度歲月。故隱其名而別署。使無玷於先人。洎爲人決策以來。三十餘更寒暑。鄙人宗旨。素抱益人利己。導人以趨吉避凶。修心補相。挽回造化。第承
各界。許爲言必有中。謬譽君平復生。柳莊再世。反滋愧赧耳。雖然相學一道。苟得其門。能辨氣察色。知五行相生相尅。識春夏秋冬。四時氣色之變化。見親友隨時試驗。自能融會貫通。對於人事。或吉或凶。觀氣察色。瞭如指掌。現代人士。視爲玄妙。頗少研求。無怪

處世應變。皆感覺困難。際此科學昌明。人心險惡。市場波動。對於維持生活。頗覺不易。或急擬安家。或速圖謀業。進退動靜。出門旅行。則關於相學。實不可須臾或離。刻因友人力勸。應社會之需要。將所積之相人學。定名實驗玄真相法。因讀者。每感玄妙。而視爲畏途。遂作淺近文詞。詳加說明。使無師皆可自通。均知趨避之方。進退之道。謹乞

高才鴻識。有以教之爲幸。本書編排倉猝。難免魯魚亥豕。暨遺漏之處。希諸仁見正之幸甚。

古越黃雲樵別署 命運導師 玄真子謹啓

中華民國三十八年仲春出版

實驗 玄眞相法

著述者 玄真子
出版者 玄真子
印刷者 曙光實驗印刷廠 大通路培德里一〇二號
發行者 玄真子命相館 上海南京西路 九五四[illegible]杏五號

占筮類			
1	擲地金聲搜精秘訣	心一堂編	沈氏研易樓藏稀見易占秘鈔本
2	卜易拆字秘傳百日通	心一堂編	
3	易占陽宅六十四卦秘斷	心一堂編	火珠林占陽宅風水秘鈔本
星命類			
4	斗數宣微	【民國】王裁珊	民初最重要斗數著述之一；未刪改本
5	斗數觀測錄	【民國】王裁珊	失傳民初斗數重要著作
6	《地星會源》《斗數綱要》合刊	心一堂編	失傳的第三種飛星斗數
7	《斗數秘鈔》《紫微斗數之捷徑》合刊	心一堂編	珍稀「紫微斗數」舊鈔秘本
8	斗數演例	心一堂編	
9	紫微斗數全書（清初刻原本）	題【宋】陳希夷	斗數全書本來面目；有別於錯誤極多的坊本
10－12	鐵板神數（清刻足本）——附秘鈔密碼表	題【宋】邵雍	無錯漏原版　秘鈔密碼表　首次公開！
13－15	蠢子數纏度	題【宋】邵雍	蠢子數連密碼表　打破數百年秘傳　首次公開！
16－19	皇極數	題【宋】邵雍	清鈔孤本附起例及完整密碼表　研究神數必讀！
20－21	邵夫子先天神數	題【宋】邵雍	附手鈔密碼表　研究神數必讀！
22	八刻分經定數（密碼表）	題【宋】邵雍	皇極數另一版本；附手鈔密碼表
23	新命理探原	【民國】袁樹珊	子平命理必讀教科書！
24－25	袁氏命譜	【民國】袁樹珊	
26	韋氏命學講義	【民國】韋千里	民初二大命理家南袁北韋
27	千里命稿	【民國】韋千里	
28	精選命理約言	【民國】韋千里	北韋之命理經典
29	滴天髓闡微——附李雨田命理初學捷徑	【民國】袁樹珊、李雨田	命理經典未刪改足本
30	段氏白話命學綱要	【民國】段方	民初命理經典最淺白易懂
31	命理用神精華	【民國】王心田	學命理者之寶鏡

占筮類			
121	卜易指南(二種)	【清】張孝宜	民國經典，補《增刪卜易》之不足
122	未來先知秘術——文王神課	【民國】張了凡	內容淺白、言簡意賅、條理分明
星命類			
123	人的運氣	汪季高(雙桐館主)	五六十年香港報章專欄結集！
124	命理尋源	【民國】徐樂吾	民國三大子平命理家徐樂吾必讀經典！
125	訂正滴天髓徵義		
126	滴天髓補註 附 子平一得		
127	窮通寶鑑評註 附 增補月談賦 四書子平		
128	古今名人命鑑		
129-130	紫微斗數捷覽(明刊孤本)[原(彩)色本] 附 點校本 (上)(下)	馮一、心一堂術數古籍整理編校小組 整理	明刊孤本 首次公開！
131	命學金聲	【民國】黃雲樵	民國名人八字、六壬奇門推命
132	命數叢譚	【民國】張雲溪	子平斗數共通、百多民國名人命例
133	定命錄	【民國】張一蟠	民國名人八十三命例詳細生平
134	《子平命術要訣》《知命篇》合刊	【民國】鄒文耀、【民國】胡仲言撰	《子平命術要訣》科學命理；《知命篇》易理皇極、命理地理、奇門六壬互通
135	科學方式命理學	閻德潤博士	匯通八字、中醫、科學原理！
136	八字提要	韋千里	民國三大子平命理家韋千里必讀經典！
137	子平實驗錄	【民國】孟耐園	作者四十多年經驗 占卜奇靈 名震全國！
138	民國偉人星命錄	【民國】囂囂子	幾乎包括所民初總統及國務總理八字！
139	千里命鈔	韋千里	失傳民初三大命理家-韋千里 代表作
140	斗數命理新篇	張開卷	現代流行的「紫微斗數」內容及形式上深受本書影響
141	哲理電氣命數學——子平部	【民國】彭仕勛	命局按三等九級格局、不同術數互通借用
142	《人鑑——命理存驗·命理擷要》(原版足本)附《林庚白家傳》	【民國】林庚白	傳統子平學修正及革新、大量名人名例
143	《命學苑苑刊——新命》(第一集)附《名造評案》《名造類編》等	【民國】林庚白、張一蟠等撰	史上首個以「唯物史觀」來革新子平命學結集
相術類			
144	中西相人探原	【民國】袁樹珊	按人生百歲，所行部位，分類詳載
145	新相術	【美國】字拉克福原著、【民國】沈有乾編譯	通過觀察人的面相身形、色澤舉止等，得知性情、能力、習慣、優缺點等
146	骨相學	【民國】風萍生編著	結合醫學中生理及心理學，影響近代西、日、中相術深遠
147	人心觀破術 附運命與天稟	【日本】管原如庵、加藤孤雁原著，【民國】唐真如譯	觀破人心、運命與天稟的奧妙

178	《星氣(卦)通義(蔣大鴻秘本四十八局圖并打劫法)》《天驚秘訣》合刊	題【清】蔣大鴻 著	江西興國真傳三元風水秘本
179	蔣大鴻嫡傳天心相宅秘訣全圖附陽宅指南等秘書五種	【清】蔣大鴻編訂、【清】汪云吾、劉樂山註	蔣大鴻徒張仲馨秘傳陽宅風水「教科書」！
180	家傳三元地理秘書十三種		真天宮之秘 千金不易之寶
181	章仲山門內秘傳《堪輿奇書》附《天心正運》	【清】章仲山傳、【清】華湛恩	直洩無常派章仲山玄空風水不傳之秘
182	《挨星金口訣》、《王元極增批補圖七十二葬法訂本》合刊	[民國]王元極	秘中秘——玄空挨星真訣公開！字字千金！
183-184	《家傳三元古今名墓圖集附謝氏水鉗》《蔣氏三元名墓圖集》合刊(上)(下)	(清)孫景堂，劉樂山，張稼夫	蔣大鴻嫡傳風水宅案、幕講師、蔣大鴻、姜垚等名家多個實例，破禁公開！
185-186	《山洋指迷》足本兩種 附《尋龍歌》(上)(下)	【明】周景一	風水巒頭形家必讀《山洋指迷》足本！
187-196	蔣大鴻嫡傳水龍經注解 附 虛白廬藏珍本水龍經四種(1-10)	【清】蔣大鴻編訂、【清】楊臥雲、汪云吾、劉樂山註	蔣大鴻嫡傳一脈授徒秘笈 希世之寶 千年以來，師師相授之秘旨，破禁公開！ 完整了解蔣氏嫡派真傳一脈三元理、法、訣！ 附已知最古《水龍經》鈔本等五種稀見《水龍經》
197	批注地理辨正直解	【清】章仲山	無常派玄空必讀經典未刪改本！
198	《天元五歌闡義》附《元空秘旨》(清刻原本)		
199	心眼指要(清刻原本)		
200	華氏天心正運	【清】華湛恩	
201-202	批注地理辨正再辨直解合編(上)(下)	【清】蔣大鴻原著、【清】姚銘三再註、【清】章仲山直解	失傳姚銘三玄空經典重現人間！ 名家：沈竹礽、王元極推薦！
203	章仲山注《玄機賦》《元空秘旨》附《口訣中秘訣》《因象求義》等九種合刊	【清】章仲山	近三百年來首次公開！章仲山無常派玄空秘密，和盤托出！ 章仲山注《玄機賦》及章仲山原傳之口訣及筆記
204	章仲山門內真傳《三元九運挨星篇》《運用篇》《挨星定局篇》《口訣篇》等合刊	【清】章仲山、柯遠峰等	
205	章仲山門內真傳《大玄空秘圖訣》《天驚訣》《飛星要訣》《九星斷略》《得益錄》等合刊	【清】章仲山、冬園子等	
206	撼龍經真義	吳師青註	近代香港名家吳師青必讀經典
207	章仲山嫡傳《翻卦挨星圖》《秘鈔元空秘旨》 附《秘鈔天元五歌闡義》	【清】章仲山傳、【清】王介如輯撰	透露章仲山家傳玄空嫡傳學習次弟及關鍵不傳之秘
208	章仲山嫡傳秘鈔《秘圖》《節錄心眼指要》合刊		史上首次公開「無常派」下卦起星等挨星秘密之書
209	《談氏三元地理大玄空實驗》附《談養吾秘稿奇門占驗》	【民國】談養吾撰	
210	《談氏三元地理濟世淺言》附《打開一條生路》		了解談氏入世的易學卦德爻象思想
211-215	《地理辨正集註》附 《六法金鎖秘》《巒頭指迷真詮》《作法雜綴》等(1-5)	【清】尋緣居士	集《地理辨正》一百零八家註解大成精華 匯巒頭及蔣氏、六法、無常、湘楚等秘本 史上最大篇幅的《地理辨正》註解
216	三元大玄空地理二宅實驗(足本修正版)	【民國】尤惜陰(演本法師)、榮柏雲撰	三元玄空無常派必讀經典足本修正版

217	蔣徒呂相烈傳《幕講度針》附《元空秘斷》《陰陽法竅》《挨星作用》	【清】呂相烈	蔣大鴻門人呂相烈三元秘本三百年來首次破禁公開！
218	挨星撮要（蔣徒呂相烈傳）		
219-221	《沈氏玄空挨星圖》《沈註章仲山宅斷未定稿》《沈氏玄空學（四卷原本）》合刊（上中下）	【清】沈竹礽 等	揭開沈氏玄空挨星五行吉凶斷的變化及不同用法 章仲山宅斷未刪本、沈氏玄空學原本佚文、玄空挨星圖稿鈔本 大公開！
222	地理穿透真傳（虛白廬藏清初刻原本）	【清】張九儀	三合天星家宗師張九儀畢生地學精華結集
223-224	地理元合會通二種（上）（下）	【清】姚炳奎	分發兩家（三元、三合）之秘，會通其用 詳解注羅盤（蔣盤、賴盤）；義理、斷驗俱精
其他類			
225	天運占星學 附 商業周期、股市粹言	吳師青	天星預測股市，神準經典
226	易元會運	馬翰如	《皇極經世》配卦以推演世運與國運
三式類			
227	大六壬指南（清初木刻五卷足本）		六壬學占驗課案必讀經典海內善本
228-229	甲遁真授秘集（批注本）（上）（下）	【清】薛鳳祚	明清皇家欽天監秘傳奇門遁甲 奇門、易經、皇極經世結合經典
230	奇門詮正	【民國】曹仁麟	簡易、明白、實用，無師自通！
231	大六壬採源	【民國】袁樹珊	民初三大命理家袁樹研究六壬四十餘年代表作
232	遁甲釋要	【民國】徐昂	推衍遁甲、易學、洛書九宮大義！
233	《六壬卦課》《河洛數釋》《演玄》合刊		疏理六壬、河洛數、太玄隱義！
234	六壬指南（【民國】黃企喬）	【民國】黃企喬	失傳經典 大量實例
選擇類			
235	王元極校補天元選擇辨正	原【清】謝少暉輯、【民國】王元極校補	三元地理天星選日必讀
236	王元極選擇辨真全書 附 秘鈔風水選擇訣	【民國】王元極	王元極天昌館選擇之要旨
237	蔣大鴻嫡傳天星選擇秘書注解三種	【清】蔣大鴻編訂、【清】楊臥雲、汪云吾、劉樂山註	蔣大鴻陰陽二宅天星擇日日課案例！
238	增補選吉探源	【民國】袁樹珊	按表檢查，按圖索驥：簡易、實用！
239	《八風考略》《九宮撰略》《九宮考辨》合刊	沈瓞民	會通沈氏玄空飛星立極、配卦深義
其他類			
240	《中國原子哲學》附《易世》《易命》	馬翰如	國運、世運的推演及預言